Blick auf die Klosteranlage St. Walburg vom Frauenberg aus

Seit dem späten 15. Jahrhundert wird Walburga mit dem Ölfläschchen, ihrem individuellen Attribut, das auf das Walburgisöl hinweist (hierzu siehe S. 20 – 25), dargestellt.
Die hl. Walburga ist nicht nur Patronin der Kirche, sondern auch des Klosters, das unter ihrem Schutz auf eine fast tausendjährige ununterbrochene Tradition monastischen Lebens zurückblicken darf. Auch die Nonnen des heutigen Konvents sehen in der Heiligen ein leuchtendes Vorbild für ihr Beten und Arbeiten zur Ehre Gottes.

Baugeschichte von Kirche und Gruft

Zwischen 870 und 879 ließ Bischof Otgar die Gebeine Walburgas von Heidenheim nach Eichstätt übertragen. Die Reliquien fanden in einem Grab im Boden der kleinen Kirche an der Stelle des heutigen St. Walburg, die späterer Überlieferung nach dem hl. Kreuz geweiht war, ihre neue Ruhestätte. Durch die Erhebung und Übertragung der Reliquien – in jener Zeit der Heiligsprechung gleichkommend – legte Bischof Otgar den Grund zur öffentlichen Verehrung Walburgas als einer Heiligen. Im Jahre 1035 stiftete Graf Leodegar († um 1074), ein Eichstätter Domherr, auf Anregung von Bischof Heribert (1022/1042), der ein großer Verehrer der hl. Walburga war, die Benediktinerinnenabtei St. Walburg. Nach der um 1078 entstandenen Bischofschronik des Anonymus von Herrie-

Medaillons von J. A. Mölk am Hochaltar: Einkleidung Walburgas und Walburga im Gebet vor dem Gekreuzigten

den, eines Eichstätter Domherrn, lebte an diesem Ort vor der Gründung des Benediktinerinnenklosters eine Gemeinschaft von Kanonissen. Sie hatten sich wohl nach der Übertragung der Walburgareliquien als deren Hüterinnen bei der Kirche angesiedelt. Ob diese Frauen in die Neugründung einbezogen wurden oder ob das Kanonissenstift zur Zeit der Gründung der Benediktinerinnenabtei überhaupt noch bestand, wissen wir nicht.

Anlässlich der Gründung hatte Bischof Heribert die alte Kirche instand setzen lassen. Bei diesen Bauarbeiten erfolgte die letzte Übertragung der Walburgareliquien. Sie wurden nun im Hauptaltar beigesetzt. Diese erste Walburgakirche war wohl ein einschiffiger Bau mit Krypta hinter dem Hauptaltar im Osten und Nonnenchor im Westen. Spätestens seit dem 12. Jahrhundert war die Kirche zugleich Pfarrkirche.

Bischof Johannes III. von Eych (1445/1464), der in den Jahren 1451 – 1456 das Kloster St. Walburg reformierte, ließ Bau- und Renovierungsmaßnahmen an den Klostergebäuden und an der Kirche durchführen. Die wachsende Zahl der Pilger machte im 17. Jahrhundert einen Neubau des als zu klein und zu düster empfundenen Gotteshauses notwendig. Im Jahre 1629 wurde unter Bischof Johann Christoph von Westerstetten (1612/1637) und Äbtissin Eugenia Thyrmayer (1625/1630) der Kirchenneubau unter Leitung des Baumeisters Martin Barbieri (1583–1633)

Wappen der Äbtissin Adelgundis I. Pettenkofer

aus Roveredo in Graubünden begonnen. Die Konsekration der neuen Kirche erfolgte am 12. Oktober 1631. Kurz darauf, 1633/34, brachen die Schrecken des Dreißigjährigen Krieges mit Plünderungen und Zerstörungen durch die schwedischen Truppen über Eichstätt herein. Aus diesem Grunde wurde der Bau des Kirchturms nur bis zum Dachgesims des Langhauses vollendet. Die feindlichen Soldaten brannten die Klostergebäude nieder. Immerhin gelang es den Nonnen durch kniefälliges Flehen bei dem schwedischen Befehlshaber, die Einäscherung der neu erbauten Kirche zu verhindern. Das Gruftheiligtum jedoch wurde seines Schmuckes und einiger kostbarer Urkunden beraubt. Am Reliquienschrein selbst hat sich die Soldateska offensichtlich nicht vergriffen. Etwa um die Mitte des 17. Jahrhunderts konnte nach leidlicher Überwindung der durch den Krieg verursachten Verelendung an die weitere Ausstattung und Ausgestaltung der Kirche gedacht werden. Bis weit ins 18. Jahrhundert hinein zogen sich die Arbeiten zur Vollendung der Kirche hin. Vor allem Äbtissin Adelgundis I. Pettenkofer (1730/1756) war es, die Kirche und Gruft so kostbar wie nur Abb. Seite 5 möglich ausschmücken ließ. Das Wappen am Nonnenchor wie auch die Steinkartusche mit demselben Wappen am Fuß des Rokokoaufbaus des Kirchenturms erinnern an diese kunstliebende Äbtissin. Auch heute noch sind Kirche wie Gruft im Wesentlichen von der damals erfolgten Ausgestaltung geprägt, insbesondere nach den jüngsten, in den Jahren 1993–98 erfolgten Renovierungsmaßnahmen, bei denen man eine möglichst getreue Angleichung an das Erscheinungsbild der Kirche zur Zeit von Äbtissin Adelgundis anstrebte.

Turm und Vorhalle

Abb. Seite 7 Das Äußere der Kirche ist geprägt von dem an ihre Südseite angebauten, originell gestalteten Turm, den Äbtissin Adelgundis im Jahre 1746 durch Benedikt Ettl (1684–1764) vollenden ließ. Über dem viergeschossigen, noch aus dem frühen 17. Jahrhundert stammenden Unterbau erhebt sich in drei Geschossen der eigentliche Turm. Er trägt auf einem kugelförmigen Abschluss eine lebensgroße, feuervergoldete Statue der Kirchenpatronin. Walburga blickt – in der Linken ein Walburgisölfläschchen, in der Rechten den Äbtissinnenstab haltend – auf die Stadt als deren Beschützerin herab. Die Figur wurde nach dem Entwurf des Eichstätter Hofbildhauers Matthias Seybold (1696–1765), der das Holzmodell schuf, in der Augsburger Goldschmiedewerkstatt von Franz Thaddäus Lang gefertigt.

Von Süden her führt eine steinerne Podesttreppe, die 1689 erbaute so genannte Walburgisstiege, zum Platz vor der Kirche hinauf. Über eine weitere, parallel zur Kirchenmauer verlaufende Podesttreppe gelangt man zunächst in eine durch Pfeiler gegliederte

Der Kirchturm von St. Walburg

Abb. Seite 8

Vorhalle. Von dieser Loggia aus bietet sich ein schöner Blick auf die Willibaldsburg und die Höhenzüge des Altmühltals. Unter der Vorhalle befindet sich eine dem hl. Alexius geweihte Kapelle. Diese wurde gleichzeitig mit der barocken Kirche erbaut an Stelle der gotischen Agneskapelle, die Bischof Johannes III. von Eych errichtet und zu seiner Grabstätte bestimmt hatte. Die Alexiuskapelle erhielt im Zuge der 1997/98 erfolgten Renovierung eine neue Ausgestaltung. Zu erwähnen sind hier vor allem das 1730 von Jakob Zanusi (1679–1755) geschaffene Altarbild, das die hll. Alexius, Agnes und Walburga darstellt, und das Denkmal für die im Zweiten Weltkrieg Gefallenen, ein Werk des Eichstätter Künstlers Rupert Fieger aus dem Jahr 1998.

Blick von der Loggia der Kirche zur Willibaldsburg

Abb. Seite 14/15

Der Kirchenraum

Die ausgewogenen Proportionen des Innenraumes, denen der goldene Schnitt zugrunde liegt, vermitteln den Eindruck von Ruhe und Harmonie. Dem Baustil nach gehört die Kirche dem frühen Barock an. Sie ist ein einschiffiger Bau mit eingezogenem Chor und vorspringenden Querpfeilern, welche sechs Seitenkapellen bilden. Über den Wandpfeilern wölbt sich, die vier Joche des Langhauses überspannend, eine mächtige Mitteltonne. Die

Seitenkapellen sind mit Quertonnen überwölbt. Durchlaufende Galerien verbinden auf beiden Seiten des Langschiffs Gruftkapelle, Altarraum und Nonnenchor. Die kunstvoll verglaste Nonnenempore im Westen und der Hochaltar im Osten, dessen monumentaler Aufbau die Gruftkapelle der hl. Walburga vom übrigen Kirchenraum trennt, geben demselben sein ganz eigenes Gepräge.

Der dichte, vor allem aus Akanthusranken, Blumen- und Früchtegebinden und Lorbeerstäben bestehende Stuck wurde im Jahre 1706 von namentlich nicht bekannten Wessobrunner Künstlern geschaffen. Die Stuckverzierung, ebenso die geschnitzten, farbig gefassten Galeriegitter, die aus der Entfernung wie feine Spitzen wirken, verleihen dem Raum Anmut und mildern die Wucht des Tonnengewölbes.

Abb. Seite 11 Der Hochaltar entstand im Jahre 1664 und ist eine Stiftung von Fürstbischof Marquard II. Schenk von Castell (1637/1685). Dessen Wappen ist am Giebel angebracht. Das künstlerisch hochrangige, außergewöhnlich große Altargemälde ist ein Werk des Malers und Kunstschriftstellers Joachim von Sandrart (1637–1685). Den Mittelpunkt der Komposition bildet die hl. Walburga in anbetender Schau des apokalyptischen Lammes. Der Kelch, in den sich aus der Brustwunde des Lammes ein Blutstrom ergießt, weist hin auf den Kreuzestod Christi, die Siegesfahne auf die Auferstehung des Herrn. Das Lamm, Symbol des gekreuzigten und des auferstandenen Christus, steht in einem lichterfüllten Kreis, der einer Sonnenscheibe gleicht. Die um den Kreis in konzentrischen Ringen angeordneten Engelsköpfe versinnbildlichen die Gott preisenden himmlischen Heerscharen. Es ist dies der hellste Bereich des Gemäldes, sozusagen die Lichtquelle für die himmlische Zone des Bildes, die zwei Drittel desselben einnimmt. Walburga ist umgeben von ihren Eltern und Geschwistern, die schemenhaft im Hintergrund auftauchen. Zu ihren Füßen ist das Grab der Heiligen wiedergegeben: der ihre Reliquien enthaltende Schrein und unter diesem der geöffnete Schacht, in den Walburgisöl fließt. In einer Demutsgebärde mit der Rechten auf die Brust weisend, hat sich Walburga dem Lamm zugewandt. Mit der Linken deutet sie als Fürsprecherin vermittelnd auf die im unteren Drittel des Bildes, sozusagen in dessen irdischer Zone gezeigten, um Hilfe flehenden Notleidenden. Unter ihnen befinden sich vor allem Mütter mit kranken oder sterbenden Kindern. Auf diese gießen Engel, die das Walburgagrab umringen, Walburgisöl aus. Links unterhalb der Heiligen kniet der Stifter, Fürstbischof Marquard. In sein Gefolge – Domkapitel und Hofstaat – hat sich der Maler mit einem Selbstporträt eingereiht. Er blickt aus dem Gemälde heraus den Betrachter an.

Der Tabernakel und der diesen umgebende Aufbau haben nicht mehr die ursprüngliche barocke Gestalt: Ein großer Teil der Schmuckelemente gehörte ursprünglich zur Ausstattung des Gruftaltars, so insbesondere die zu beiden Seiten des Tabernakels auf Tafeln angebrachten Ovalbilder von Josef Adam Mölk (1714–1794) aus dem Jahre 1742. Auf Kupferplatten gemalt, stellen sie Szenen aus dem Leben der hl. Walburga dar.

Abb. Seite 4

Harmonisch fügen sich die sechs Seitenaltäre in das Gesamtbild von Architektur und Dekoration ein. Die Gemälde der beiden großen Seitenaltäre am Chorbogen – die Kreuzigung Christi auf der einen Seite, auf der anderen Maria mit dem Kind, umgeben von den hll. Benedikt und Scholastika sowie weiteren Heiligen – sind bedeutende Werke von Johann Heinrich Schönfeld (1609–1682/83). Die Altarblätter der mittleren Seitenaltäre, die hl. Barbara (Nordseite) und die hl. Familie (Südseite), schuf der Augsburger Künstler Johann Georg Bergmüller (1688–1762), das Altarbild des Johannes-Nepomuk-Altars (Nordseite) malte Christoph Thomas Scheffler (1699–1756), das des Leonhardaltars (Südseite) Judas Thaddäus Sauter (1705–1759). Die Marmorisierung der Altäre durch Jakob Feichtmaier (1704–1764) wie auch die Rokokoschnitzereien stammen aus der Zeit von Äbtissin Adelgundis I. Pettenkofer.

Abb. Seite 14/15

Der sehr tief gelegene, mit vier großen Fenstern aus Butzenscheiben versehene Nonnenchor im Westen hat in der Mitte einen erkerähnlichen runden Vorbau. Er ruht auf einem dreijochigen Gewölbe mit Rundbogenarkaden. Diese Chorkapelle ist Stätte des täglichen Gotteslobs der Benediktinerinnen von St. Walburg. Über dem Nonnenchor befindet sich die Orgelempore. In den Rokokoprospekt von 1740 wurde 1996 eine neue Orgel der Firma Mathis mit 27 Registern und 1697 Pfeifen eingebaut. Die Uhr über dem Orgelaufbau weist auf die festgesetzten Stunden hin, zu denen von den Benediktinerinnen das Gotteslob im Chor zu singen ist, kündet aber

Abb. Seite 13

Seite 11: Hochaltarbild von Joachim Sandrart

auch davon, dass alle Zeit Gottes Zeit ist. Die Kanzel, verziert mit Stuckmarmor und Schnitzereien in Holz, wurde 1716 gefertigt. Der auf dem Schalldeckel stehende Posaunenengel ist als mahnender Hinweis auf das Jüngste Gericht zu verstehen. Die Beichtstühle, dreiteilige Anlagen aus Eichenholz, entstanden um 1670.

Abb. Seite 16

Die Deckengemälde zeigen im Altarraum den Chor der Heiligen in Anbetung der Heiligsten Dreifaltigkeit, im Langhaus Ereignisse aus dem Leben der Eichstätter Bistumspatrone: Walburga in der himmlischen Herrlichkeit als Fürsprecherin, die Bischofsweihe Willibalds durch Bonifatius, Wunibald mit einem Modell der Klosterkirche von Heidenheim. Diese drei großen Gemälde sind jeweils flankiert von zwei kleineren Fresken: die hll. Richard und Wuna, der Tod des hl. Benedikt und der hl. Scholastika sowie die hll. Sola und Lioba. Die Mittelkartusche an der Stirnseite des Chorbogens stellt einen Thron unter einem Baldachin dar, vor dem ein Bischof und ein Adeliger, jeweils mit Gefolge, knien bzw. stehen (Deutung bisher nicht geklärt). Die Bemalung der Stirnseite des Chorbogens zu Seiten der Mittelkartusche ist wohl schon im 17. Jahrhundert entstanden. Sie zeigt Engel, die einen Baldachin tragen. Die Bilder in den Stichkappen des Gewölbes geben Szenen aus dem Leben Mariens wieder. Über den Fenstern befinden sich Darstellungen von Heiligen aus dem Benediktinerorden. Die Fresken in den Fensterwölbungen der Südseite zeigen Szenen aus dem Leben Walburgas, diejenigen auf der Nordseite musizierende Engel. Die langovalen Gemälde an den Brüstungen der Galerie und am Nonnenchor künden gleich Votivbildern von Wundern, die sich auf die Fürsprache der hl. Walburga hin ereignet haben. Fünf Ölgemälde in reich geschnitzten Rokokorahmen an den Pfeilern des Kirchenschiffs von Judas Thaddäus Sauter stellen biblische Szenen dar, in denen das Öl oder ein wunderbarer Wasserfluss eine Rolle spielen, sind also als Allegorien auf den Ölfluss am Walburgagrab zu verstehen: Mose schlägt Wasser aus dem Felsen, David wird zum König gesalbt, das Ölwunder des Elija für die Witwe von Sarepta, das Ölwunder des Elischa, der barmherzige Samariter.

Abb. Seite 14/15

Seite 13: Blick auf den Nonnenchor

Seite 14/15: Innenraum der Kirche: Blick zum Chor

Von den Grabmälern seien nur zwei erwähnt: beim Eingang zur Kirche das Rotmarmorepitaph für Bischof Johannes III. von Eych, der in der Kreuzkapelle des Klosters bestattet wurde, und das um

1817 von Ignaz Alexander Breitenauer (1757–1838) geschaffene Grabmal für die Familie Breitenauer in der Kapelle gegenüber.
Die 14 großen Kreuzwegbilder stammen von Alois Süßmayr (1825–1885), der seit 1856 als Zeichenlehrer am Eichstätter Gymnasium wirkte.
Der Chor im Osten der Kirche ist in zwei Kreuzjoche aufgeteilt, zwischen denen sich der Hochaltar erhebt. Zu beiden Seiten des Chores liegen die Sakristeiräume. Über diesen befinden sich kleine, mit Rokokoverzierungen reich geschmückte, erkerartig in die Kirche vorkragende Oratorien, die 1730 entstanden sind.

Posaunenengel auf dem Schalldeckel der Kanzel

Das Gruftheiligtum der hl. Walburga

Hinter dem Hochaltar befindet sich das Gruftheiligtum der hl. Walburga. Die Grabkapelle ist in zwei Geschosse, die obere und die untere Gruft, gegliedert. Über zwei Türen zu beiden Seiten des Hochaltars ist sie von der Kirche aus zugänglich. Von außen führen an der Ostseite der Kirche zwei Eingänge zur Gruftkapelle. Auf der Ebene des Klosterhofs liegt die Tür zur unteren Gruft, während man über eine doppelläufige Freitreppe den Zugang zur oberen Gruft erreicht. Der Raum der unteren Gruft ist in drei Schiffe aufgeteilt, die jeweils von zwei auf toskanischen Pilastern ruhenden Kreuzgewölben überspannt werden. Das Gewölbe im westlichen Joch ist ausgeschnitten und mit einer holzgeschnitzten Balustrade bekrönt. So kann man von der oberen Gruft aus auf Walburgagrab und Gruftaltar blicken.

Blick von oben auf die Gruft - Confessioanlage

Diese dem Grab des Apostelfürsten in der Peterskirche zu Rom vergleichbare barocke Confessioanlage ist einzigartig nördlich der Alpen. Die Gewölbe der Gruft wurden 1706 mit Wessobrunner Stuck verkleidet. Die elf in den Stuck eingefügten gemalten Medaillons haben Schriftstellen aus dem Alten und dem Neuen Testament zum Thema, die eine Verbindung zum Ölfluss am Walburgagrab herstellen. Der Ölfluss wird somit gedeutet als Fortsetzung des biblischen Heilsgeschehens. Ein schmiedeeisernes, vergoldetes Gitter umgibt das Geviert des Altarraums in der unteren Gruft. Das Wappen in der Bekrönung des Gitters weist auf den Stifter dieser kostbaren Schmiedearbeit hin, auf Fürstbischof Johann Anton I. Knebel von Katzenelnbogen (1705/1725). Auch die beiden Stiegen, die zur oberen Gruft führen, werden durch solche Gitter abgeschlossen. Die Wände der oberen Gruft sind ringsum mit Votivbildern und -gaben bedeckt, Zeugnissen der Dankbarkeit der Pilger für erfahrene Hilfe. Die ältesten Bilder stammen aus dem beginnenden 17. Jahrhundert.

Abb. Seite 21 u. 26

Abb. Seite 21

Über dem Altaraufbau hängt ein übergroßes, von einem unbekannten Künstler geschaffenes Votivgemälde, gestiftet vom Bayernherzog Albrecht VI. Es zeigt dessen Tochter Maria Renata (†1630) im Ordensgewand der Benediktinerin auf dem Totenbett. Sie hatte beabsichtigt, in das Kloster St. Walburg einzutreten. Zur Erinnerung an dieses Vorhaben, das durch den frühen Tod Maria Renatas nicht zur Ausführung kam, gaben ihre Angehörigen dieses Votivgemälde in Auftrag. Über den von der oberen Gruft zur Kirche führenden Durchgangstüren befinden sich zwei im Jahre 1742 entstandene Gemälde von Judas Thaddäus Sauter, welche die heilige Walburga als Wohltäterin der vier Erdteile bzw. als Helferin der Kranken zeigen. Die neun Gemälde an der Brüstung des Umgangs der oberen Gruft, ebenfalls von Sauter, haben Szenen aus der Walburgalegende zum Thema.

Das Deckenfresko im Joch der oberen Gruft ist laut Signatur ein Werk von Vitus Greittmann aus dem Jahr 1741. Es stellt den heiligen Benedikt in der Glorie des Himmels dar, zu dem Vertreter der geistlichen und weltlichen Macht aufblicken, die mit dem Benediktinerorden verbunden waren.

Untere Walburgisgruft

Die Grabanlage

Der Gruftaltar. Der Gruftaltar lehnt sich direkt an die Rückseite des Hochaltars an. Diese reicht bis zum Niveau der unteren Gruft hinab. Hier wurde beim barocken Neubau der Kirche ein zweiter, westlich orientierter Altar errichtet. Über der Mensa dieses Altars ist ein Judas Thaddäus Sauter zugeschriebenes Gemälde angebracht, das Maria mit dem Kind, flankiert von den hll. Willibald und Walburga, darstellt. Die über dem Gemälde aufragende, in drei Felder geteilte Steinfassade gehört zum Unterbau einer spätgotischen, um 1460 entstandenen Altaranlage, die ursprünglich frei zwischen Chor und Gruft stand. In der Mitte dieser Steinfassade zeigt ein Relief direkt über der Tür zum Gruftschacht Walburga, auf dem Sterbebett ruhend. Ein Engel beugt sich Weihwasser spendend über sie. Eine weitere, wiederum dreiteilige Steinfassade erhebt sich über dem Unterbau des gotischen Altars. Die Mitte nimmt ein ursprünglich auf Vorder- und Rückseite offener Tabernakel ein, in dem heute ein Kreuzreliquiar steht. Der Tabernakel wird von je einer doppelseitigen Reliefplatte flankiert. Die Vorderseiten stellen die Verkündigung an Maria dar. Auf der nicht sichtbaren Rückseite der beiden Platten sind die hll. Willibald und Wunibald wiedergegeben.

Über dem Altaraufbau sind fünf spätgotische Holzfiguren angebracht. In der Mitte steht Walburga im Ordensgewand der Benediktinerin mit Äbtissinnenstab in der Rechten sowie mit Buch und Walburgisölfläschchen in der Linken. Die Krone weist auf ihre – so die Legende – königliche Herkunft hin. Walburga ist umgeben von ihren Brüdern, links von Bischof Willibald in Pontifikalkleidung und rechts von Abt Wunibald mit Buch und Abtsstab. Außen sind die Eltern der drei heiligen Geschwister zu sehen, links Richard und rechts Wuna, durch Krone und Zepter als König und Königin gekennzeichnet. Die Holzplastiken sind um 1500 entstanden und von hoher künstlerischer Qualität. Bislang konnte über die Meisterzuschreibung keine Einigkeit gewonnen werden. Sicher scheint zu sein, dass die Figur der heiligen Walburga einem anderen Meister zuzuschreiben ist als die übrigen vier Figuren. Die Walburgaplastik ist wohl von derselben Künstlerhand geschaffen wie die Figuren des Hochaltars im Eichstätter Dom.

Das Grab der hl. Walburga. Die Ursprünge der Walburgagruft reichen bis in die erste Hälfte des 11. Jahrhunderts zurück. Bischof Heribert war es höchstwahrscheinlich, der die Reliquien der Heiligen von ihrer früheren Ruhestätte im Boden der Vorgängerkirche in einem Reliquienschrein aus Kalkstein in den Hauptaltar der Kirche umsetzen ließ, wo sie sich heute noch befinden. Grund für diese Übertragung der Reliquien sowie für die besondere Anlage des Grabes war die Entdeckung des Walburgisöls. Frühester Zeuge für das Walburgisöl ist Wolfhart von Herrieden. Er

Seite 21:
Obere Gruft

Gruftheiligtum – gotische Anlage (Gesamtansicht)

berichtet, dass man im Jahre 893 bei einer nochmaligen Öffnung des damals noch im Boden der Kirche eingelassenen Grabes die Gebeine der Heiligen mit wasserklaren Tropfen betaut gefunden habe. Der Reliquienschrein befindet sich hinter dem spätgotischen Walburgarelief, wo er in den breiten gemauerten Tischsokkel des Hochaltars hineingeschoben ist. Er steht auf Steinpfeilern, die einen Hohlraum freilassen. Durch diese besondere Anlage wurde es möglich, die Wassertropfen, die sich in den Wintermonaten an der Bodenplatte des Reliquienbehälters bilden, aufzufangen. Dieser so genannte Ölfluss ist zuerst in der 1078 entstandenen Eichstätter Bischofschronik des Anonymus

Gruft-heiligtum – Schacht mit geöffneten Türen

von Herrieden bezeugt. Jahr für Jahr zeigen sich bis zum heutigen Tag etwa Mitte Oktober die ersten Tautropfen an der Bodenplatte des Sarkophags. Der Beginn des Ölflusses wird mit dem 12. Oktober, dem in der Klostertradition überlieferten Tag der Übertragung der Reliquien in den Hochaltar, in Verbindung gebracht. Ende Februar, um den Tag des Heimgangs der Heiligen (25. Februar), beginnt der Ölfluss langsam zu versiegen. Die Benennung Öl erhielt diese Flüssigkeit, die von ihrer chemischen Beschaffenheit her als reines Wasser zu bezeichnen ist, auf Grund der durch ihren vertrauensvollen Gebrauch bezeugten Heilungen. Der Reliquienschacht wird mittels zweier Eisentüren verschlossen, deren äußere mit Silberblech und goldenen Traubenornamentstäben beschlagen ist. Die kostbare Innenverkleidung des Schachtes stammt aus der Zeit von Äbtissin Adelgundis I. Pettenkofer. Die Seitenwände des Hohlraums sind mit vergoldetem Kupferblech ausgeschlagen. Am äußeren Rand ist er mit Silberblech verkleidet, auf dem Tulpen und Weinranken sowie die Wappen des Klosters und der Äbtissin Adelgundis mit der Jahreszahl 1740 eingraviert sind. Ein rinnenartiger Zusammen-

Gruftheiligtum – Blick in den Schacht

schluss am Boden der Höhlung dient zum Auffangen der kostbaren Wassertropfen, welche in silbernen Schalen gesammelt werden. Das Walburgisöl wird in alte, edel geschliffene und kunstvoll mit Einätzungen verzierte Glaskaraffen gefüllt. In winzige Fläschchen verteilt, wird das Walburgisöl, das zeichenhaft für die Liebe dieser Heiligen zu Gott und zu den Menschen steht, als Geschenk der hl. Walburga an die Pilger weitergereicht.

Rechts von den gotischen Figuren hängt eine Silbertafel, die – um die Mitte des 18. Jahrhunderts entstanden – einst als Beschlag der äußeren Verschlusstüre des Reliquienschachtes gedient hat. Sie stellt in Silber getrieben den Ölfluss im Symbol des Mannaregens dar, der auf eine Schar von Hilfesuchenden niedergeht. Auch heute dürfen unzählige Menschen, die in per-

lbertafel mit Darstellung des Mannaregens

sönlichen Anliegen und oft in mannigfacher Not zum Grab der hl. Walburga pilgern, an diesem Gnadenort auf die Fürsprache der hl. Walburga Gottes Trost und Hilfe gleich einem lebenspendenden Manna erfahren.

Maria Magdalena Zunker OSB

Literatur (Auswahl): Felix Mader: Stadt Eichstätt (= Die Kunstdenkmäler von Bayern. Mittelfranken I), München 1924. – Hermann Holzbauer: Mittelalterliche Heiligenverehrung. Heilige Walpurgis (= Eichstätter Studien N.F. Bd. V), Kevelaer 1972. – Abtei St. Walburg (Hrsg.): Hl. Walburga. Leben und Wirken. 2. Aufl., Eichstätt 1985. – Christian Klemm: Joachim von Sandrart. Kunst-Werke und Lebens-Lauf, Berlin 1986, S. 265–270. – Abtei St. Walburg (Hrsg.): St. Walburg, Eichstätt. Kloster und Pfarrkirche (Kirchenführer). 5. Aufl., Eichstätt 1992. – Claudia Grund: Zur „Wiedergeburt" des Hochaltargemäldes von Joachim Sandrart (1606–1688) in der Pfarr- und Klosterkirche St. Walburg zu Eichstätt. In: Sammelblatt des Historischen Vereins Eichstätt Jg. 92/93, 1999/2000, S. 402–416. – Heilige Walburga hilft aus aller Not. Zeugnisse ihrer Verehrung und Verklärung (Ausstellungskatalog). Hrsg. von Claudia Grund und Emanuel Braun, Eichstätt 2000.
Für wichtige Hinweise sei Brun Appel und Dr. Claudia Grund herzlich gedankt.

Votiv-
bilderwand

Vordere Umschlagseite: Blick auf Gruft und Kirche vom Hof her
Rückwärtige Umschlagseite: Votivtafel mit Darstellung der Heiligen Walburga

Fotos: Roman von Götz, Regensburg
Seite 27: Aus Felix Mader: Stadt Eichstätt (Die Kunstdenkmäler von Bayern. Mittelfranken I), München 1924, S. 238/239, Fig. 182/183.

Abonnement: Unsere „Kleinen Kunstführer" durch Kirchen, Schlösser und Sammlungen im europäischen Kulturraum können beim Verlag abonniert werden. Die Reihe wurde begründet von Dr. Hugo Schnell † und Dr. Johannes Steiner †.

Schnell, Kunstführer Nr. 2440 2., veränderte Auflage 2006

Leibnizstraße 13, D-93055 Regensburg
Telefon: (09 41) 7 87 85-0 · Telefax: (09 41) 7 87 85-16
Gesamtherstellung: Erhardi Druck GmbH, Regensburg
Reihenlayout: grafica, Regensburg

ISBN-10: 3-7954-6307-6
ISBN-13: 978-3-7954-6307-6

Weitere Informationen zum Verlagsprogramm erhalten Sie unter:
www.schnell-und-steiner.de